ສະໝອງຄືຜູ້ສັ່ງການ

โดย เฮลิຊาแบด เพสຕอบ
ຮູບโดย ภามัງ ลิ

Library For All Ltd.

ອົງການ Library For All ແມ່ນອົງການທີ່ບໍ່ຫວັງຜົນກຳໄລ ທີ່ມີພັນທະກິດທີ່ຈະເຮັດໃຫ້ທຸກຄົນ ສາມາດເຂົ້າເຖິງແຫຼ່ງຄວາມຮູ້ ຜ່ານບະວັດຕະກຳຫ້ອງສະໝຸດດິຈິຕອນ. ເຂົ້າເບິ່ງລາຍລະອຽດເພີ່ມເຕີມທີ່: libraryforall.org

ສະຫງວນລິຂະສິດຜູ້ສ້າງພາບ

ພິມຄັ້ງທຳອິດ 2021

ຈັດພິມໂດຍ: ອົງການ Library For All
ອີເມວ: info@libraryforall.org
URL: libraryforall.org

ຮູບແຕ້ມຕົ້ນສະບັບໂດຍ ກາມັງ ລິ

ສະຫງວນລິຂະສິດຜູ້ສ້າງພາບ
ເຮລິຊາແບດ ເພສຕອນ
ISBN: 978-9932-00-379-2
SKU02610

ສະໝອງກໍຜູ້ສັ່ງການ

ພວກເຮົາມີສະໝອງ ຕັ້ງຢູ່ໃນກະໂຫຼກຫົວ
ເຮົາ ຄອບຄຸມສິ່ງຕ່າງໆໆທີ່ພວກເຮົາເຮັດ
ບໍ່ວ່າຈະເປັນການຮ້ອງເພງ ໄປຮອດ
ການປະດິດສ້າງສິ່ງໃດໜຶ່ງ.

ເວລາທີ່ຮູ້ສຶກມີຄວາມສຸກ ຫຼື ຢ້ານ
ຫຼື ຂີ້ຄ້ານ ຫຼື ໃຈຮ້າຍ. ສະໝອງ
ຂອງພວກເຮົາເປັນຜູ້ຮັບຜິດຊອບ.
ສະໝອງຄືຜູ້ສັ່ງການ!

ສະໝອງໄດ້ແບ່ງອອກເປັນ 2 ເບື້ອງຄື:
ເບື້ອງຊ້າຍ ແລະ ເບື້ອງຂວາ.
ທັງສອງເບື້ອງ ມີກາບພິວພັບແລກປ່ຽນ
ທຸກໆມີ້ທັງກາງເອັນ ແລະ ກາງຄືບ.

ໃບສະໜອງພວກເຮົາມີພາກສ່ວນທີ່ຊ່ວຍໃຫ້ ພວກເຮົາເຄື່ອນໄຫວ, ຍ່າງ, ໂດດ, ເຕັ້ນ ແລະ ໝູບ.

ໃນສະໝອງຂອງພວກເຮົາມີພາກສ່ວນ
ໜຶ່ງຢູ່ໃຈກາງສະໝອງທີ່ຊ່ວຍໃຫ້ພວກເຮົາ
ມີສະມາທິ ແລະ ມີຄວາມຈຳທີ່ດິ.

ສະໝອງກໍ່ຜູ້ສ້າງພາບ
ຄວາມຮູ້ສຶກຕ່າງໆ ບໍ່ອາຈະໃຈຮ້າຍ
ແລະ ເສຍໃຈ ຫຼືວ່າ ມີຄວາມຮູ້ສຶກ
ເບີກບານໃຈ ແລະ ມີຄວາມສຸກ.

ສະໝອງໄດ້ສົ່ງສັນຍານລົງໄປທາ
ເສັ້ນປະສາດຄ້າຍຄືກະແສໄຟຟ້າ.
ສັນຍານດັ່ງກ່າວກໍຄືກະແສໄຟຟ້າ
ທີ່ແລ່ນທົ່ວຮ່າງກາຍ.

ສັບຍາບເທື່ອານັ້ນ ຄອບຄຸມທຸກໆ
ສິ່ງທີ່ພວກເຮົາເຮັດ ເຊັ່ນ:
ການຮ້ອງເພງສຽງດັງໆ
ຫຼືອ່ານຜູກສາຍເກີບ.

ສະໝອງມີການຈະເລີນເຕີບໃຫຍ່ຂຶ້ນ
ເລື້ອຍໆ ແລະ ມີການປ່ຽນແປງທຸກໆວັນ.
ສະໝອງຈະຂະຫຍາຍໃຫຍ່ຂຶ້ນ ແລະ
ມີຄວາມສະຫຼຽວສະຫຼາດເພີ່ມຂຶ້ນ
ຈົນກວ່າພວກເຮົາຈະເຖົ້າແກ່.
ພາກສ່ວນໃດທີ່ມີການໃຊ້ວຽກຫຼາຍ
ພາກສ່ວນນັ້ນຈະເຂັ້ມແຂງ ແລະ
ເຊື່ອມຕໍ່ກັນຢ່າງແໜ້ນໜາ. ດັ່ງນັ້ນ
ສິ່ງທີ່ພວກເຮົາເຝິກຝົນຢູ່ຕະຫຼອດ
ຈະສາມາດເຮັດໄດ້ດີ ຂຶ້ນເລື້ອຍໆ.

ພາກສ່ວນໃດຂອງສະໝອງ
ພວກເຮົາທີ່ຂາດການໃຊ້ວຽກ.
ພາກສ່ວນນັ້ນຈະຂາດກຳລັງແຮງ,
ມີຂະໜາດນ້ອຍລົງ ແລະ ອ່ອນແອ
ລົງເລື້ອຍໆ. ດັ່ງນັ້ນ ພວກເຮົາຄວນ
ນຳໃຊ້ສະໝອງ ເຝິກຝົນເຮັດໃນ
ສິ່ງທີ່ພວກເຮົາມັກເຊັ່ນ:
ການຊ້ອນກອນ, ເຕະບານ ຫຼື ຂີ່ລົດຖີບ.

ພວກເຮົາມີສະໝອງໃນຫົວຂອງພວກເຮົາ
ເຊິ່ງສາມາດຄອບຄຸມທຸກສິ່ງທຸກຢ່າງທີ່
ພວກເຮົາເຮັດ. ບໍ່ວ່າຈະເປັນການແລ່ນ
ໃນເດີ່ນຫຍ້າ ໄປຣອດການຫຼົບຫຼີກ ຍ່ຽບ
ຕະປູຕາມພື້ນ. ບໍ່ວ່າຈະເປັນການເບິ່ງເຫັນ
ສາຍຮຸ້ງທີ່ວົດງາມຢູ່ຫ້ອງຟ້າ ໄປຣອດ ການ
ຊອກຫາພົດຜັກຂະບິດບ້ອຍໆຕາມພື້ນດິນ.
ສະໝອງຂອງພວກເຮົາ ເຮັດວຽກຕະຫຼອດ
ເວລາ. ສະໝອງຄື ຜູ້ສັ່ງການ.

ຂໍ້ມູນທາງບັນນາບຸກິນຂອງຫໍສະໝຸດແຫ່ງຊາດ

ເອລິຊາແບດ ເພສຕອນ
    ສະໝອງຄືຜູ້ສ້າງພາບ 4 / ໂດຍ ເອລິຊາແບດ ເພສຕອນ. -- ວຽງຈັນ, 2021
    15 ໜ້າ : ພາບປະກອບສີ ; 21 ຊມ
    1. ວັນນະກຳສຳລັບເດັກ
    I. ຊື່ເລື່ອງ
808.068 -- dc21
    ເລກທະບຽນພິມຈຳໜ່າຍ: ຕາມທບ136ວພຈ 23082021
    ISBN 978-9932-00-379-2

ເຈົ້າສາມາດໃຊ້ຄຳຖາມດັ່ງລຸ່ມນີ້ເພື່ອ ຊ່ວຍໃຫ້ການຢ່ອນກັບເລື່ອງທີ່ອ່ານກັບ ຄອບຄົວ, ໝູ່ ແລະ ຄູອາຈານ.

ເຈົ້າໄດ້ຮຽນຮູ້ຫຍັງຈາກເລື່ອງນີ້?

ຈົ່ງອະທິບາຍເລື່ອງນີ້ ໂດຍໃຊ້ຄຳບັບຍາຍ
1ຄຳ. ຕະຫຼົກ? ຢ້ານ? ມີສິສັນ? ໜ້າສົນໃຈ?

ເມື່ອອ່ານຈົບແລ້ວ,
ເລື່ອງນີ້ໃຫ້ຄວາມຮູ້ສຶກຫຍັງແດ່?

ໃນເລື່ອງນີ້, ເຈົ້າມັກສິ່ງໃດຫຼາຍທີ່ສຸດ?

ປື້ມທືອບໍ່ມ່ອບບໍ?

ພວກເຮົາມີປື້ມຫຼາຍຮ້ອຍຫົວໃຫ້ເລືອກອ່ານ.

ພວກເຮົາຮ່ວມມືກັບນັກຂຽນ, ອົງການດ້ານການສຶກສາ,
ທ້ປຶກສາທາງດ້ານວັດທະນະທຳ, ລັດຖະບານ ແລະ
ອົງກອນທີ່ບໍ່ຂຶ້ນກັບລັດຖະບານ ເພື່ອນຳຄວາມເພີດເພີນ ໃນການ
ອ່ານໃຫ້ກັບເດັກນ້ອຍທົ່ວທຸກແຫ່ງ.

ຮູ້ບໍ?

ພວກເຮົາສ້າງການປ່ຽນແປງທີ່ດີໃນຊີງເຂດນີ້ ໂດຍປະຕິບັດ ເປົ້າໝາຍ
ການພັດທະນາແບບຍືນຍົງຂອງສະຫະປະຊາຊາດ.

librarvforall.org